Impressum
Verlag: BABADADA GmbH, Nedderfeld 112 , 22529 Hamburg
Geschäftsführer / Verlagsleitung: Harald Hof
Druck: Books on Demand GmbH, In de Tarpen 42, 22848 Norderstedt

Imprint
Publisher: BABADADA GmbH, Nedderfeld 112 , 22529 Hamburg, Germany
Managing Director / Publishing direction: Harald Hof
Print: Books on Demand GmbH, In de Tarpen 42, 22848 Norderstedt, Germany

sekolah

škola

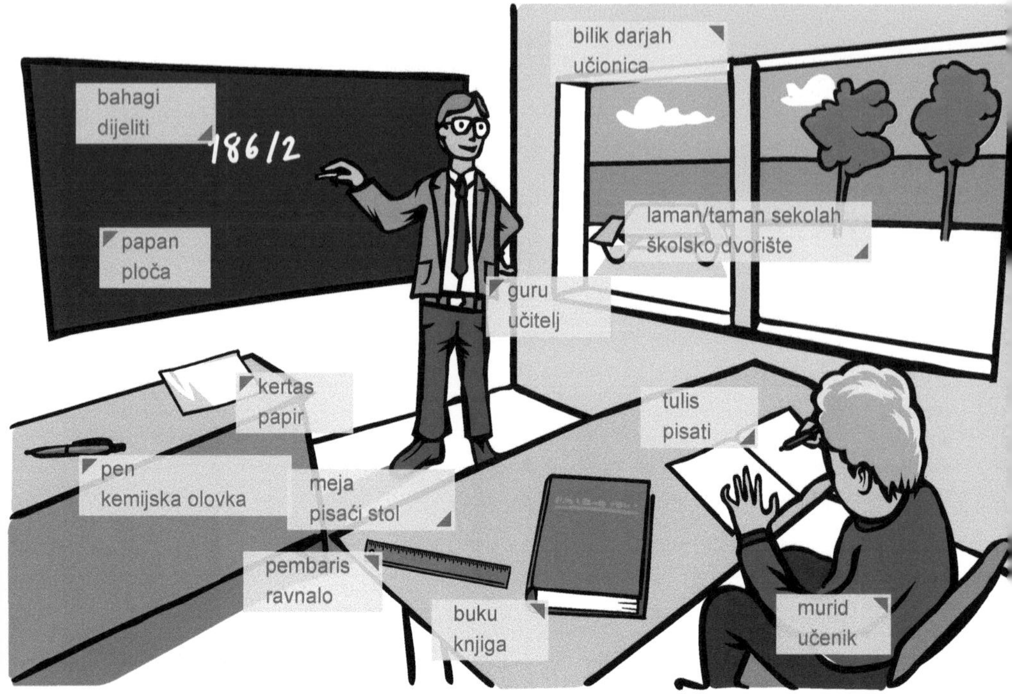
bilik darjah
učionica
bahagi
dijeliti
186/2
papan
ploča
laman/taman sekolah
školsko dvorište
guru
učitelj
kertas
papir
tulis
pisati
pen
kemijska olovka
meja
pisaći stol
pembaris
ravnalo
buku
knjiga
murid
učenik

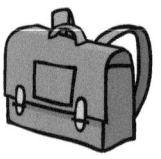

beg galas

torba

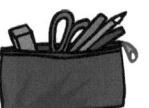

kotak pensel

pernica

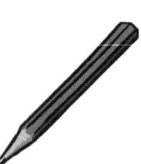

pensel

grafitna olovka

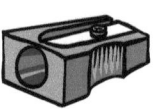

pengasah pensel

šiljilo za olovke

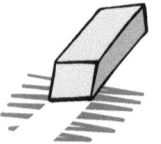

pemadam

gumica za brisanje

kertas lukisan

blok za crtanje

melukis
crtež

berus lukis
kist

kotak warna
kutija s bojama

gunting
makaze

gam
ljepilo

buku latihan
bilježnica

kerja rumah
domaći zadatak

nombor
broj

tambah
sabirati

tolak
oduzimati

darab
množiti

kira
računati

huruf
slovo

abjad
abeceda

kata
riječ

teks

tekst

baca

čitati

kapur

kreda

pelajaran

sat

daftar

dnevnik

peperiksaan

ispit

sijil

svjedodžba

uniform sekolah

školska uniforma

pendidikan

obrazovanje

ensiklopedia

leksikon

universiti

sveučilište

mikroskop

mikroskop

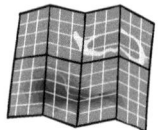

peta

karta

bakul sampah

košara za papir

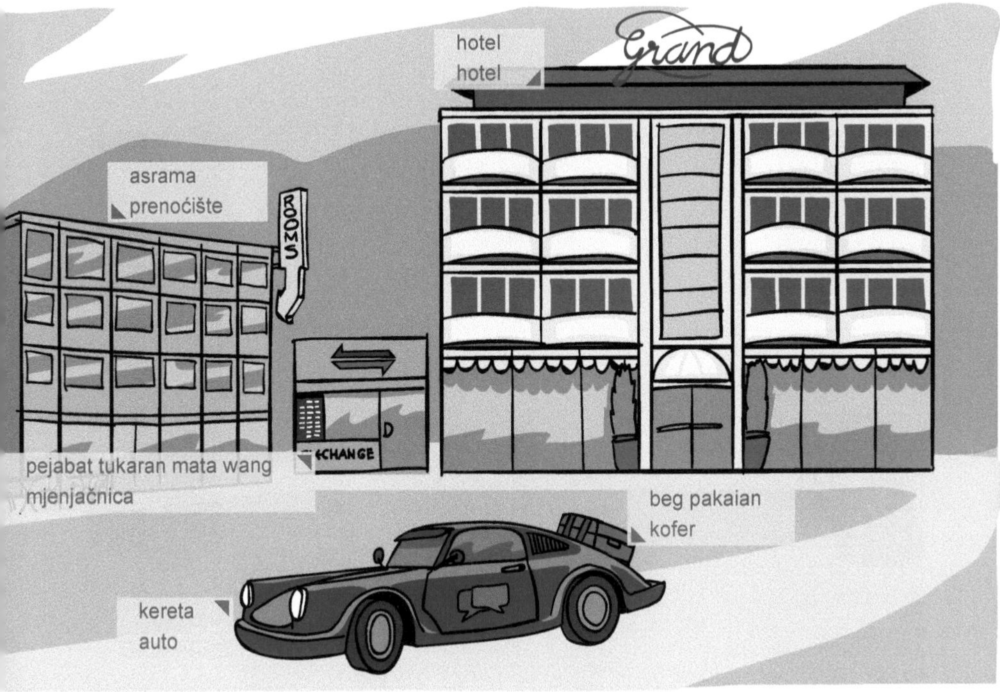

hotel
hotel
Grand
asrama
prenoćište
ROOMS
pejabat tukaran mata wang
mjenjačnica
EXCHANGE
beg pakaian
kofer
kereta
auto

bahasa
jezik

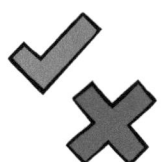

ya / tidak
da / ne

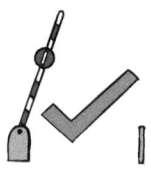

okey
okay

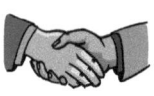

helo
zdravo

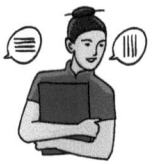

penterjemah
prevoditelj

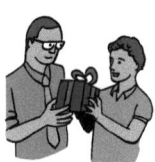

Terima kasih
hvala

berapa banyak...?

Koliko košta...?

saya tidak faham

ne razumijem

masalah

problem

Selamat petang!

dobro veče!

Selamat Pagi!

Dobro jutro!

Selamat Malam!

Laku noć!

selamat tinggal

doviđenja

arah

smjer

bagasi

prtljaga

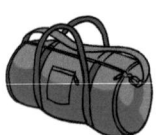

beg

torba

beg galas

ruksak

tetamu

gost

bilik tidur

soba

beg tidur

vreća za spavanje

khemah

šator

berjalan - putovanje

maklumat pelancong

turističke informacije

pantai

plaža

kad kredit

kreditna kartica

sarapan

doručak

makan tengah hari

ručak

makan malam

večera

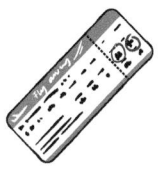

tiket

karta za vožnju

lif

dizalo

setem

poštanska markica

sempadan

granica

kastam

carina

kedutaan

ambasada

visa

viza

pasport

putovnica

pengangkutan
transport

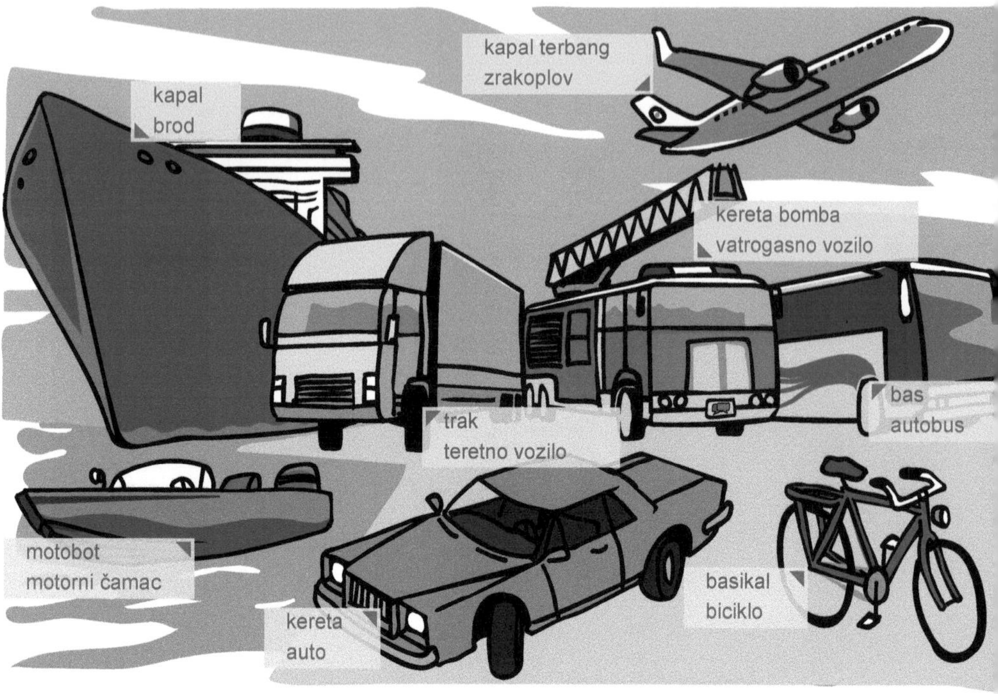
kapal terbang
zrakoplov
kapal
brod
kereta bomba
vatrogasno vozilo
bas
autobus
trak
teretno vozilo
motobot
motorni čamac
basikal
biciklo
kereta
auto

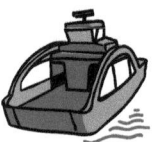

feri
trajekt

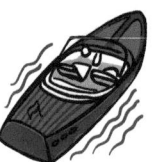

bot
čamac

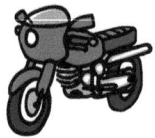

motosikal
motocikl

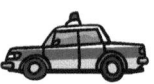

kereta polis
policijski auto

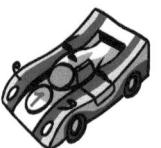

kereta lumba
trkaći auto

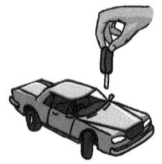

kereta sewa
iznajmljeno auto

berkongsi kereta

dijeljenje automobila

trak tunda

vučno vozilo

trak menolak

vozilo za odvoz smeća

motor

motor

bahan api

benzin

stesen minyak

benzinska postaja

tanda trafik

prometni znak

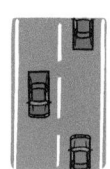

trafik

promet

kesesakan lalu lintas

zastoj

tempat parkir

parkiralište

stesen kereta api

kolodvor

trek

šine

kereta api

vlak

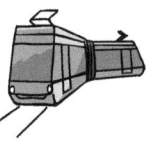

trem

tramvaj

gerabak

vagon

helikopter

helikopter

lapangan terbang

zrakoplovna luka

Menara

toranj

penumpang

putnik

bekas

kontejner

kadbod

karton

kart

kolica

bakul

košara

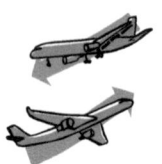

berlepas / mendarat

uzletjeti / sletjeti

bandar
grad

kampung

selo

pusat bandar

centar grada

rumah

kuća

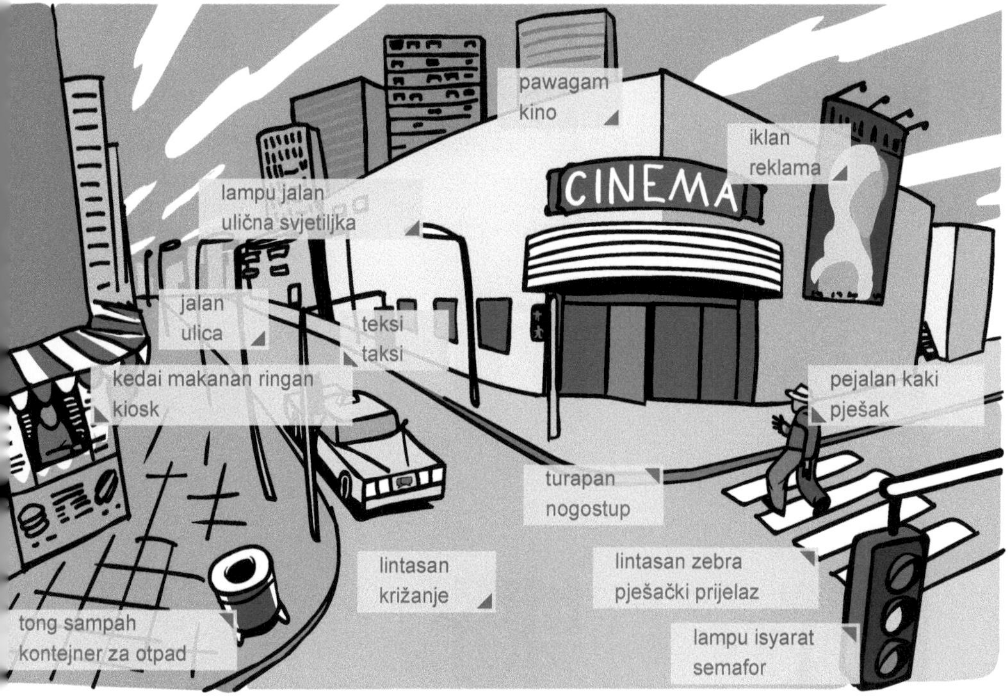
pawagam
kino
iklan
reklama
CINEMA
lampu jalan
ulična svjetiljka
jalan
ulica
teksi
taksi
kedai makanan ringan
kiosk
pejalan kaki
pješak
turapan
nogostup
lintasan
križanje
lintasan zebra
pješački prijelaz
tong sampah
kontejner za otpad
lampu isyarat
semafor

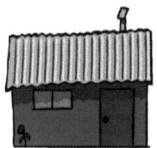

pondok

koliba

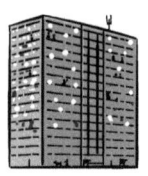

flat

stan

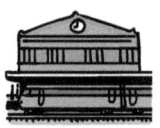

stesen kereta api

kolodvor

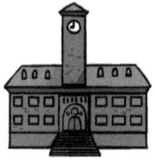

dewan bandar

vijećnica

MUSEUM

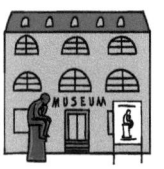

muzium

muzej

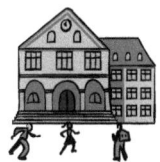

sekolah

škola

universiti

sveučilište

bank

banka

hospital

bolnica

hotel

hotel

farmasi

ljekarna

pejabat

ured

kedai buku

knjižara

kedai

prodavaonica

kedai bunga

cvjećara

pasar raya

supermarket

pasaran

trg

gedung

robna kuća

penjual ikan

ribarnica

pusat membeli-belah

trgovački centar

pelabuhan

luka

12   **bandar - grad**

taman
park

bangku
klupa

jambatan
most

tangga
stepenice

bawah tanah
podzemna željeznica

terowong
tunel

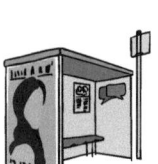

hentian bas
autobusna stanica

bar
bar

restoran
restoran

peti surat
poštansko sanduče

papan tanda jalan
ulični znak

meter parkir
parkirni sat

zoo
zoološki vrt

kolam renang
bazen

masjid
džamija

ladang

seosko gazdinstvo

pencemaran

zagađenje okoliša

tanah perkuburan

groblje

gereja

crkva

taman permainan

igralište

kuil

hram

landskap

krajolik

daun
list

tiang tanda
putokaz

jalan
put

padang rumput
livada

batu
kamen

pejalan kaki
šetač

pokok
drvo

sungai
rijeka

rumput
trava

bunga
cvijet

lembah
dolina

bukit
planina

tasik
jezero

hutan
šuma

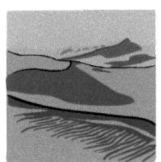

padang pasir
pustinja

gunung berapi
vulkan

istana
dvorac

pelangi
duga

cendawan
gljiva

pokok kelapa sawit
palma

nyamuk
moskito

terbang
muha

semut
mrav

lebah
pčela

labah-labah
pauk

kumbang

buba

katak

žaba

tupai

vjeverica

landak

jež

arnab

zec

burung hantu

sova

burung

ptica

angsa

labud

babi jantan

divlja svinja

rusa

jelen

moose

los

empangan

nasip

turbin angin

vjetrenjača

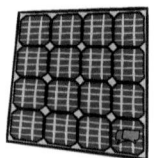

panel solar

solarna ploča

iklim

klima

landskap - krajolik

restoran
restoran

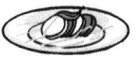

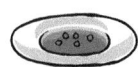

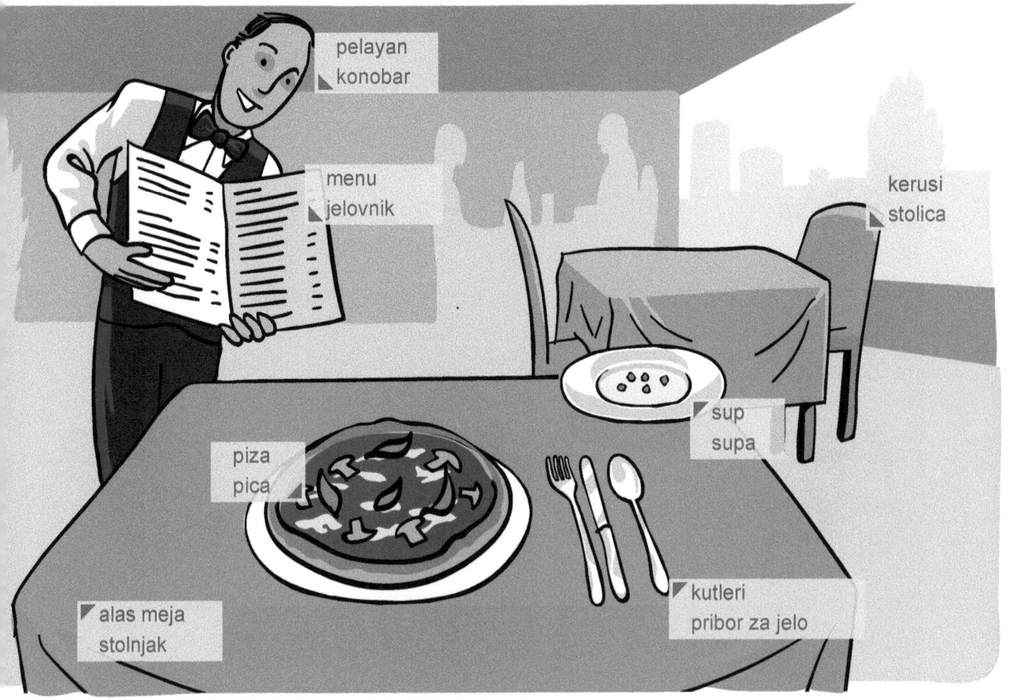

pelayan
konobar
menu
jelovnik
kerusi
stolica
sup
supa
piza
pica
kutleri
pribor za jelo
alas meja
stolnjak

pemula

predjelo

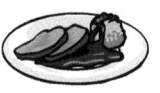

hidangan utama

glavno jelo

pencuci mulut

desert

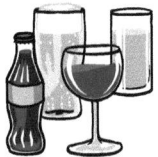

minuman

napitci

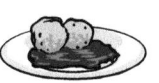

makanan

jelo

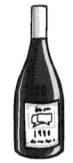

botol

boca

makanan segera
fastfood

makanan jalanan
imbis hrana

teko
čajnik

mangkuk gula
doza za šećer

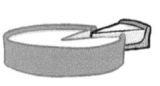

bahagian
porcija

mesin espreso
aparat za espresso

kerusi tinggi
visoka stolica

bil
račun

dulang
pladanj

pisau
nož

garfu
vilica

sudu
žlica

sudu teh
čajna žlica

serviette
ubrus

gelas
čaša

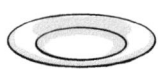

pinggan

tanjur

mangkuk sup

tanjur za supu

piring

tanjurić

sos

sos

tempat garam

soljenka

pengisar lada

mlin za biber

cuka

ocat

minyak

ulje

rempah

začini

sos

kečap

mustard

senf

mayones

majoneza

pasar raya
supermarket

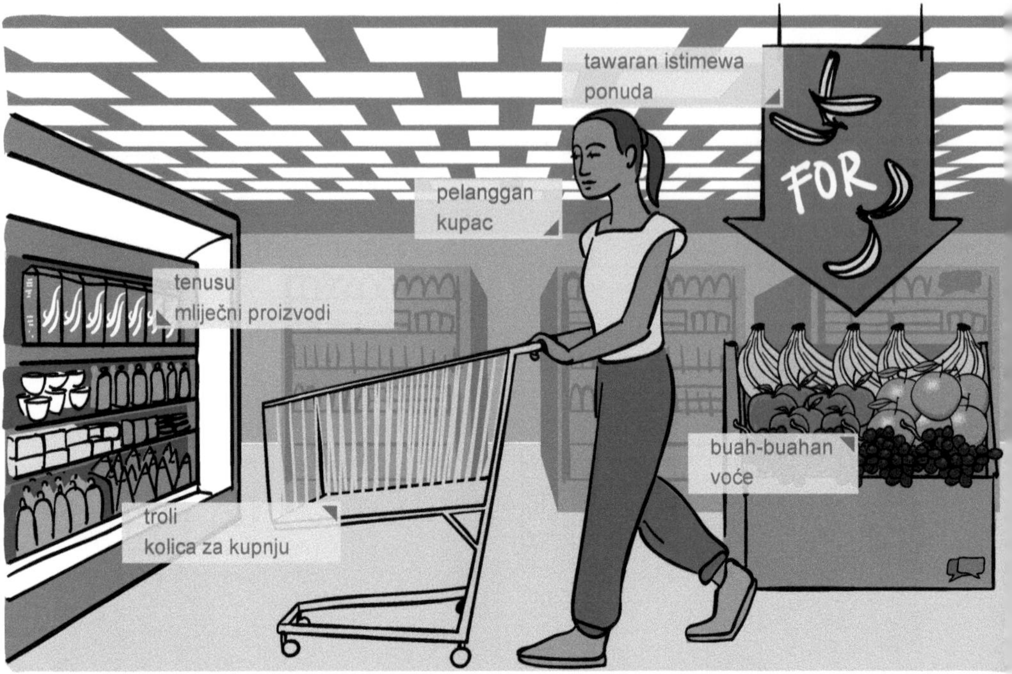

tawaran istimewa
ponuda
pelanggan
kupac
tenusu
mliječni proizvodi
buah-buahan
voće
troli
kolica za kupnju
FOR

BUTCHERS

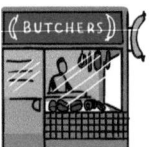

tukang daging

mesnica

BAKERY

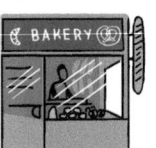

kedai roti

pekarnica

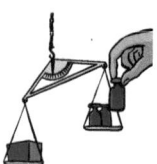

berat

vagati

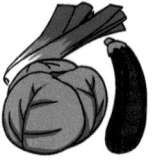

sayur-sayuran

povrće

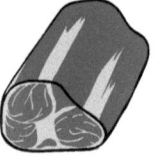

daging

meso

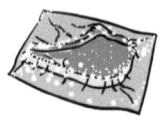

makanan sejuk beku

duboko smrznuta hrana

daging sejuk

narezak

makanan dalam tin

konzerve

serbuk pencuci

sredstvo za pranje

gula-gula

slatkiši

produk isi rumah

artikli za domaćinstvo

produk pembersihan

sredstva za čišćenje

orang jualan

prodavačica

daftar tunai

blagajna

juruwang

blagajnik

senarai membeli-belah

lista za kupnju

waktu pembukaan

vrijeme rada

beg duit

novčanik

kad kredit

kreditna kartica

beg

torba

beg plastik

plastična vrećica

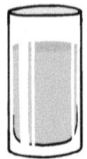

air
voda

jus
sok

susu
mlijeko

kola
cola

wain
vino

bir
pivo

alkohol
alkohol

koko
kakao

the
čaj

kopi
kava

espreso
espresso

kapucino
cappuccino

pisang
banana

epal
jabuka

oren
naranča

tembikai
lubenica

lemon
limun

lobak merah
mrkva

bawang putih
češnjak

buluh
bambus

bawang
luk

cendawan
gljiva

kacang
orašasti plodovi

mi
rezanci

spageti
špagete

nasi
riža

salad
salata

kerepek
pomfrit

kentang goreng
pečeni krumpir

piza
pica

hamburger
hamburger

sandwic
sendvič

kutlet
šnicla

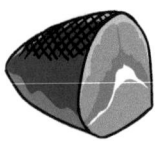

ham
pršut

salami
salama

sosej
kobasica

ayam
kokoš

panggang
pečenje

ikan
riba

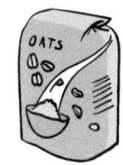

bubur oat

zobene pahuljice

muesli

musli

emping jagung

kukuruzne pahuljice

tepung

brašno

kroisan

roščić

roti roll

pecivo

roti

kruh

roti bakar

toast

biskut

keksi

mentega

maslac

dadih

svježi sir

kek

kolač

telur

jaje

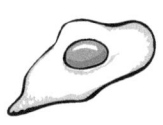

telur goreng

jaje na oko

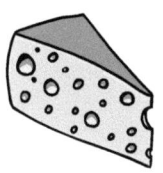

keju

sir

ais krim

sladoled

gula

šećer

madu

med

jem

marmelada

krim nougat

nugat krema

kari

curry

makanan - jelo

ladang
seosko gazdinstvo

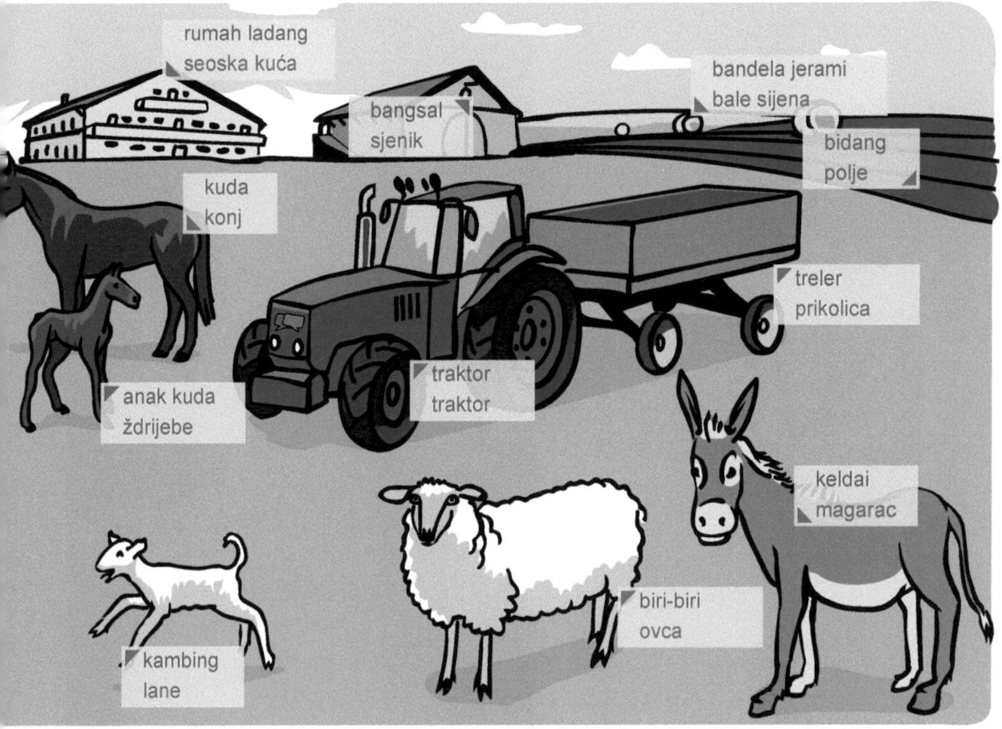
rumah ladang
seoska kuća
bangsal
sjenik
bandela jerami
bale sijena
bidang
polje
kuda
konj
treler
prikolica
traktor
traktor
anak kuda
ždrijebe
keldai
magarac
biri-biri
ovca
kambing
lane

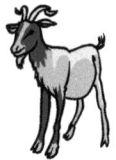

kambing

koza

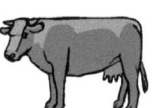

lembu

krava

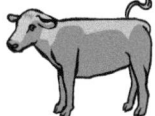

anak lembu

tele

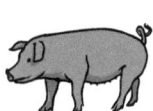

babi

svinja

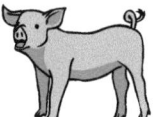

anak babi

prase

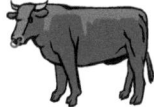

lembu

bik

angsa

guska

itik

patka

anak ayam

pilići

ayam betina

kokoš

ayam jantan muda

pijetao

tikus

pacov

kucing

mačka

tikus

miš

lembu jantan

vol

anjing

pas

rumah anjing

kućica za psa

hos taman

vrtno crijevo

bekas siraman

kanta za polijevanje

sabit

kosa

bajak

plug

sabit

srp

cangkul

motika

serampang peladang

vilica za gnojivo

kapak

sjekira

kereta sorong

tačke

palung

korito

tin susu

posuda za mlijeko

karung

vreća

pagar

ograda

stabil

štala

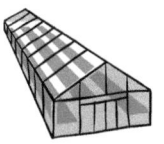

rumah hijau

staklenik

tanah

zemlja

benih

sjeme

baja

gnojivo

jentuai

kombajn

tuai

žanjati

menuai

žetva

keladi

yams začin

gandum

pšenica

soya

soja

kentang

krumpir

jagung

kukuruz

biji sawi

uljana repica

pokok buah-buahan

voćka

ubi kayu

gomolj manioke

bijirin

žitarice

rumah
kuća

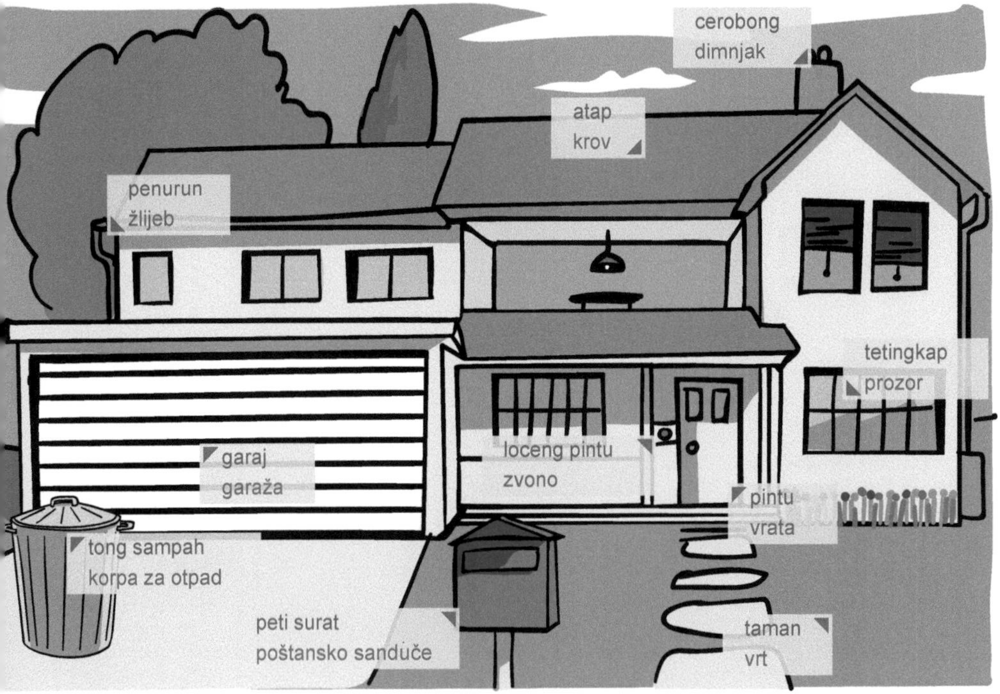
cerobong
dimnjak
atap
krov
penurun
žlijeb
tetingkap
prozor
loceng pintu
zvono
garaj
garaža
pintu
vrata
tong sampah
korpa za otpad
peti surat
poštansko sandučе
taman
vrt

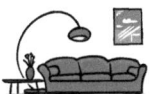

ruang tamu

dnevna soba

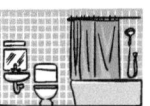

bilik air

kupaonica

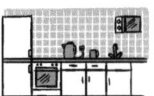

dapur

kuhinja

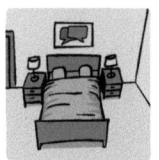

bilik tidur

spavaća soba

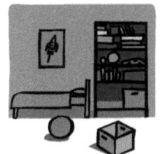

bilik kanak-kanak

dječija soba

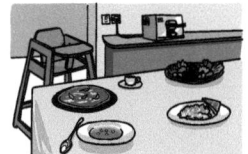

ruang makan

trpezarija

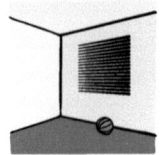

lantai
pod

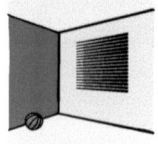

dinding
zid

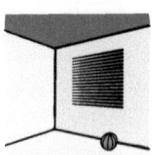

siling
strop

bilik bawah tanah
podrum

sauna
sauna

balkoni
balkon

teres
terasa

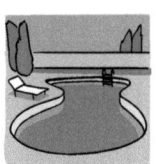

kolam renang
bazen

pemotong rumput
kosilica za travu

lembaran
posteljina za krevet

penutup tilam
deka za krevet

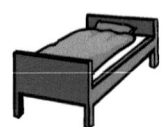

katil
krevet

penyapu
metla

timba
kanta

suis
sklopka

ruang tamu
dnevna soba

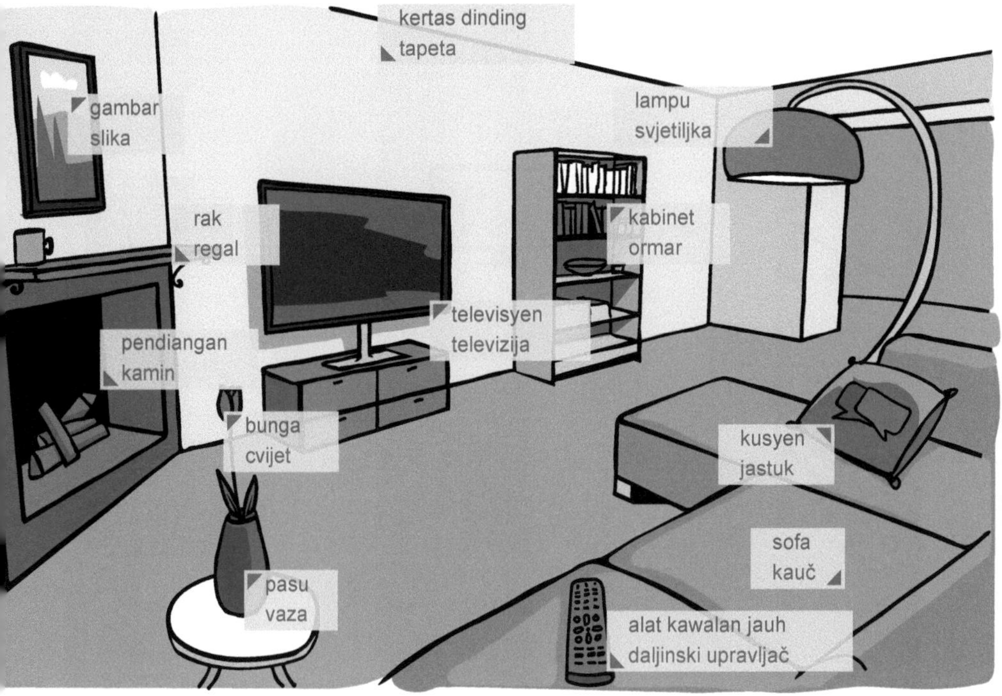

kertas dinding
tapeta
gambar
slika
lampu
svjetiljka
rak
regal
kabinet
ormar
televisyen
televizija
pendiangan
kamin
bunga
cvijet
kusyen
jastuk
sofa
kauč
pasu
vaza
alat kawalan jauh
daljinski upravljač

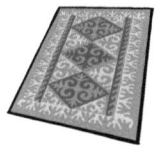

permaidani

tepih

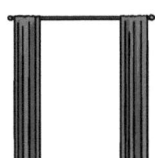

tirai

zavjesa

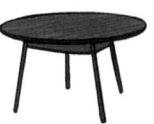

meja

stol

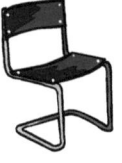

kerusi

stolica

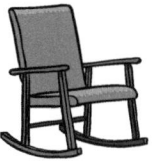

kerusi malas

stolica za njihanje

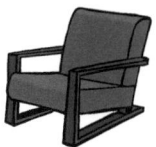

kerusi

fotelja

buku

knjiga

selimut

deka

hiasan

dekoracija

kayu api

drvo za ogrjev

filem

film

hi-fi

stereo uređaj

kunci

ključ

akhbar

novine

lukisan

slika na platnu

poster

poster

radio

radio

buku catatan

blok za pisanje

penyedut habuk

usisavač

kaktus

kaktus

lilin

svijeća

dapur
kuhinja

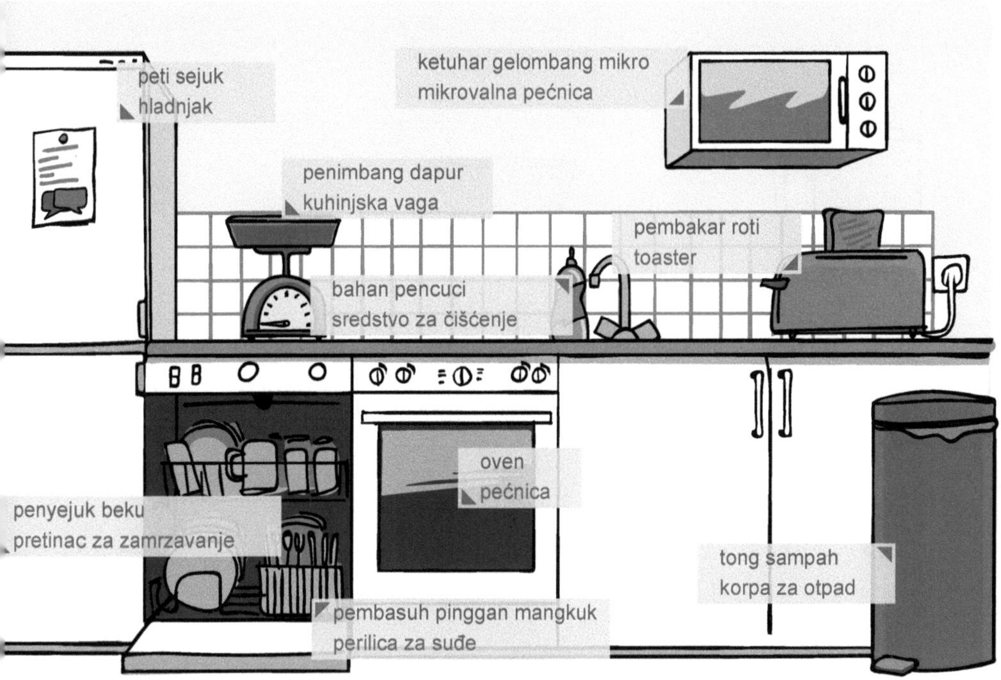

peti sejuk
hladnjak
ketuhar gelombang mikro
mikrovalna pećnica
penimbang dapur
kuhinjska vaga
pembakar roti
toaster
bahan pencuci
sredstvo za čišćenje
oven
pećnica
penyejuk beku
pretinac za zamrzavanje
tong sampah
korpa za otpad
pembasuh pinggan mangkuk
perilica za suđe

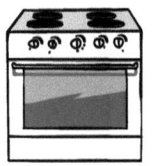

periuk dapur

štednjak

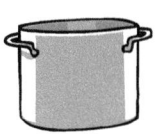

periuk

lonac

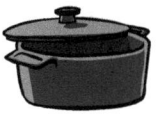

periuk besi

željezni lonac

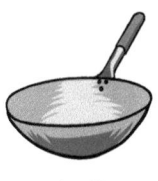

kuali

wok / kadai

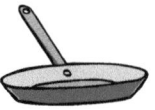

pan

tava

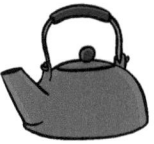

cerek

kuhalo za vodu

pengukus

kuhalo na paru

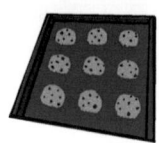

dulang pembakar

lim za pečenje

pinggan mangkuk

posuđe

koleh

čaša

mangkuk

zdjela

penyepit

štapići za jelo

senduk

kutljača

spatula

lopatica

pengadun

pjenjača

penapis

sito za kuhanje

ayak

sito

pemarut

ribež

mortar

mužar

barbeku

roštilj

pembakaran terbuka

ognjište

papan pencincang

daska

pin golekan

oklagija

skru gabus

vadičep

tin

konzerva

pembuka tin

otvarač konzervi

pemegang periuk

krpa za lonac

sinki

sudoper

berus

četka

span

spužva

pengisar

mikser

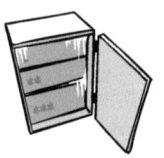

penyejuk beku

zamrzivač

botol bayi

bočica za bebe

paip

slavina za vodu

dapur - kuhinja

bilik air

kupaonica

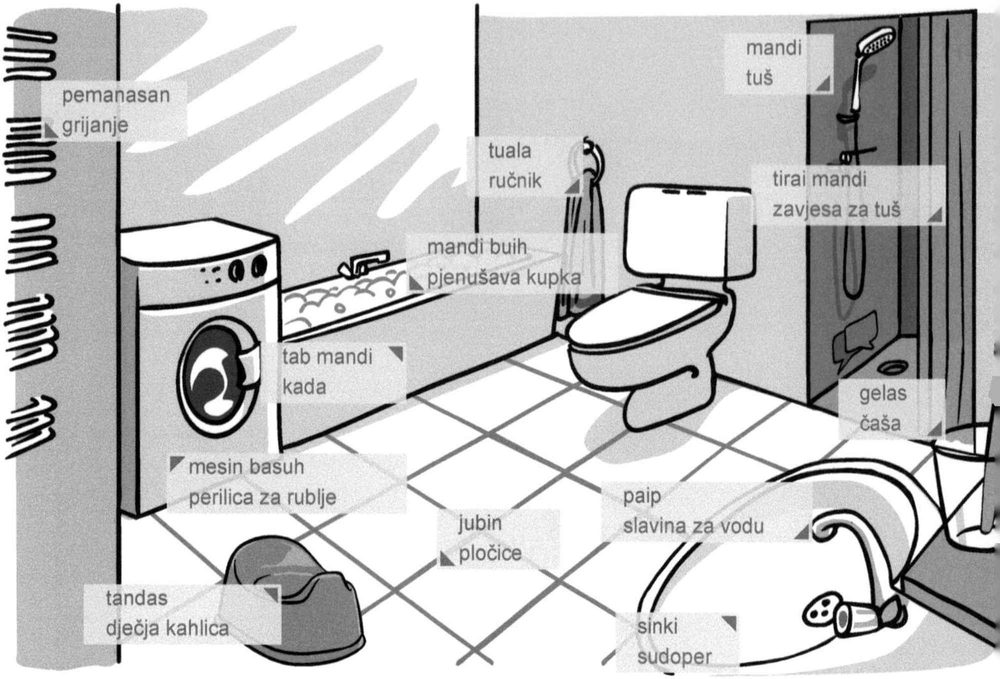
pemanasan
grijanje
tuala
ručnik
mandi
tuš
tirai mandi
zavjesa za tuš
mandi buih
pjenušava kupka
tab mandi
kada
gelas
čaša
mesin basuh
perilica za rublje
paip
slavina za vodu
jubin
pločice
tandas
dječja kahlica
sinki
sudoper

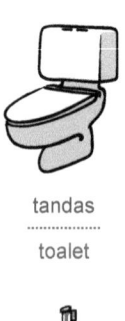

tandas

toalet

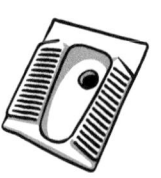

tandas mencangkung

čučavac

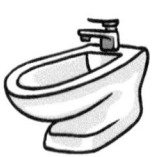

mangkuk tandas

bidet

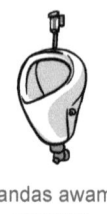

tandas awam

pisoar

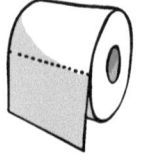

kertas tandas

papir za toalet

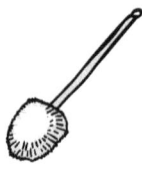

berus tandas

četka za toalet

berus gigi

četkica za zube

ubat gigi

pasta za zube

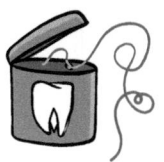

flos gigi

konac za zube

cuci

prati

mandian tangan

tuš ručica

pancuran

tuš za pranje intimnih dijelova

besen

lavor

belakang berus

četka za pranje leđa

sabun

sapun

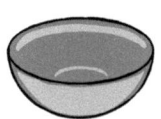

gel mandian

gel za tuširanje

syampu

šampon

flanel

krpa za pranje

longkang

odvod

krim

krema

deodoran

dezodorans

cermin

ogledalo

cermin tangan

kozmetičko ogledalo

pisau cukur

brijač

busa cukur

pjena za brijanje

selepas cukur

losion za poslije brijanja

sikat

češalj

berus

četka

pengering rambut

sušilo za kosu

semburan rambut

sprej za kosu

mekap

makeup

gincu

ruž za usne

varnis kuku

lak za nokte

bulu kapas

vata

gunting kuku

škare za nokte

pewangi

parfem

beg basuhan
neseser

bangku
stolica

skala berat
vaga

jubah mandi
ogrtač

sarung tangan getah
rukavice za čišćenje

kapas
tampon

tuala wanita
uložak

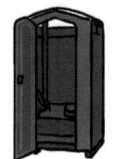

tandas kimia
kemijski toalet

bilik kanak-kanak
dječija soba

jam loceng
budilnik
mainan kegemaran
plišana igračka
kereta mainan
auto igračka
kerincing bayi
zvečka
rumah anak patung
kućica za lutke
hadiah
poklon

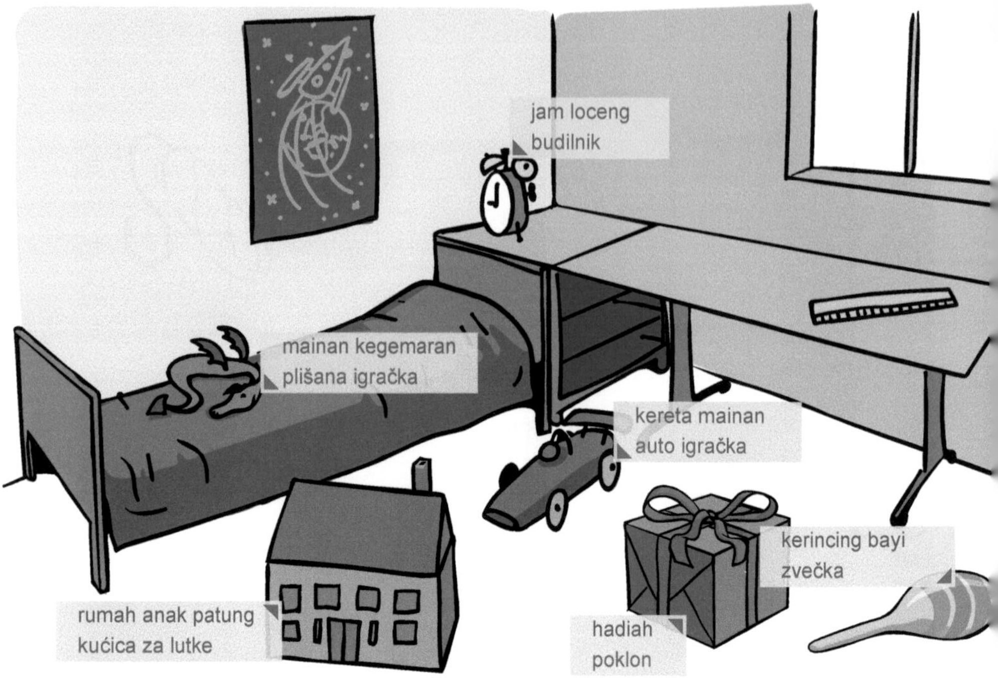

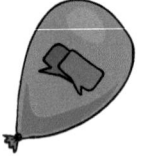

belon

balon

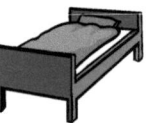

katil

krevet

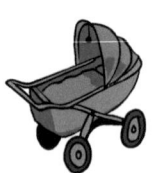

kereta sorong bayi

dječija kolica

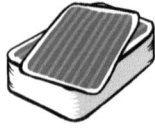

set kad

igra s kartama

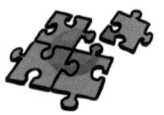

susun suai gambar

slagalica

komik

strip

batu bata lego

lego kockice

blok mainan

kockice za slaganje

figura aksi

akcioni junak

baju bayi

kombinezon za bebe

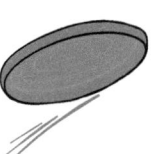

frisbee

frizbi

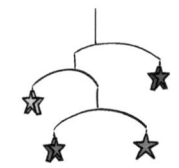

mainan bayi mudah alih

viseće igračke

permainan papan

društvene igre

dadu

kocka

set model kereta api

minijaturna željeznica

palsu

duda

parti

tulum

buku bergambar

slikovnica

bola

lopta

anak patung

lutka

main

igrati

lubang pasir

pješčanik

buai

ljuljačka

mainan

igračka

konsol permainan video

konzola za igre

basikal roda tiga

tricikl

anak patung beruang

plišani medo

almari pakaian

ormar

pakaian
odjeća

stoking

kratke čarape

stoking

čarape

ketat

hulahopke

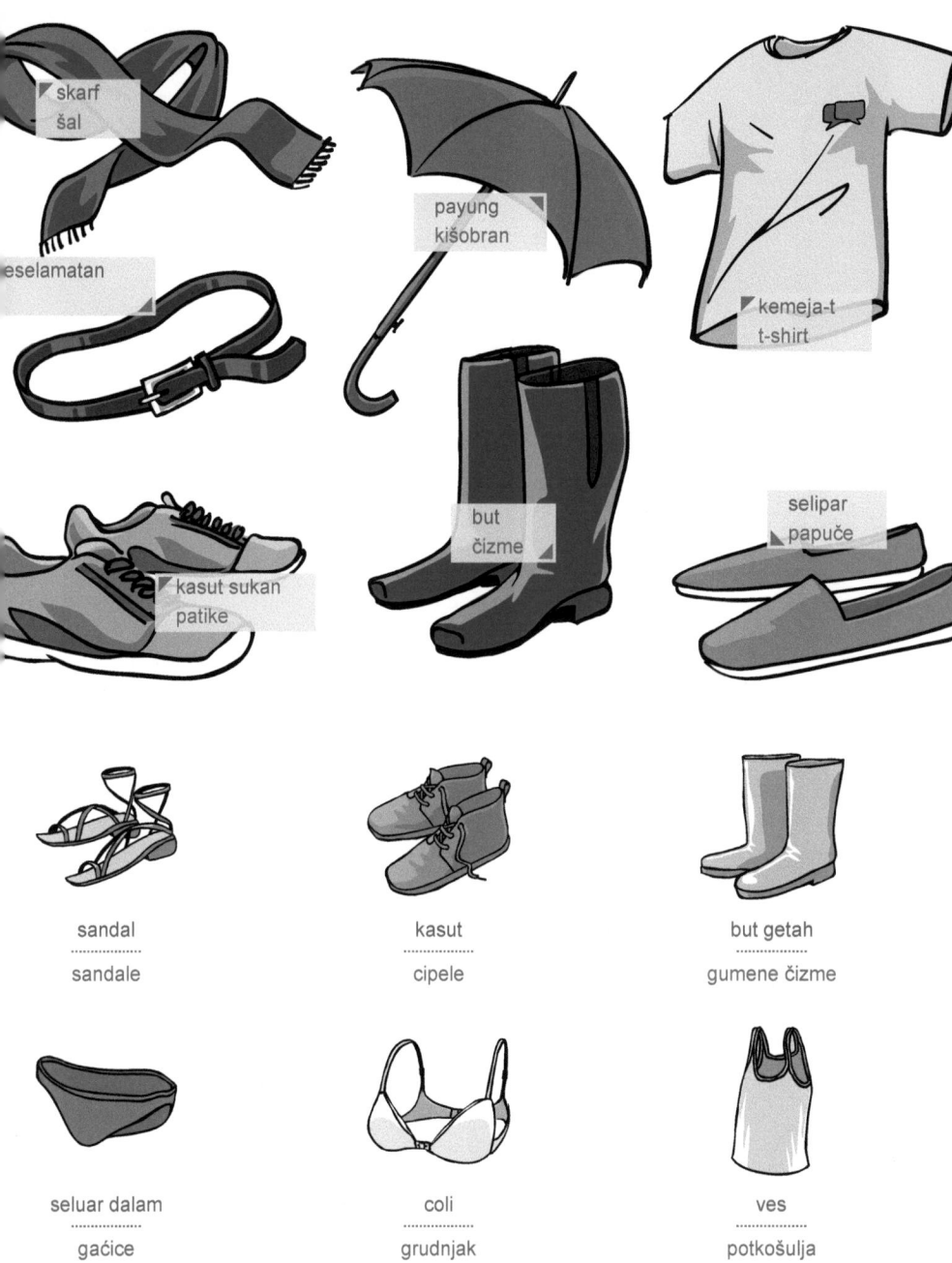

skarf
šal

eselamatan

payung
kišobran

kemeja-t
t-shirt

but
čizme

selipar
papuče

kasut sukan
patike

| sandal | kasut | but getah |
| sandale | cipele | gumene čizme |

| seluar dalam | coli | ves |
| gaćice | grudnjak | potkošulja |

badan
....
bodi

Seluar panjang
....
hlače

jean
....
džins

skirt
....
haljina

blaus
....
bluza

kemeja
....
košulja

baju panas sarung
....
džemper

sweater
....
pulover s kapuljačom

blazer
....
blejzer

jaket
....
jakna

kot
....
kaput

baju hujan
....
kabanica

kostum
....
kostim

pakaian
....
haljina

baju pengantin
....
vjenčanica

sut
odijelo

baju tidur
spavaćica

baju tidur
pidžama

sari
sari

skarf kepala
rubac

serban
turban

burqa
burka

kaftan
kaftan

abaya/jubah
abaja

baju renang
kupaći kostim

seluar renang
kupaće gaćice

seluar pendek
kratke hlače

sut balapan
odjeća za trening

apron
pregača

sarung tangan
rukavice

butang
gumb

cermin mata
naočale

gelang tangan
narukvica

rantai leher
ogrlica

cincin
prsten

subang
naušnica

topi
kapa

penyangkut kot
vješalica

topi
šešir

tali leher
kravata

zip
patent zatvarač

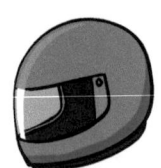

topi keledar
kaciga

pendakap
naramenice

uniform sekolah
školska uniforma

seragam
uniforma

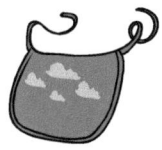

lapik dada

podbradak

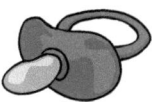

palsu

duda

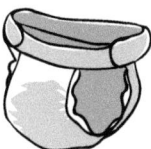

lampin

pelena

pejabat

ured

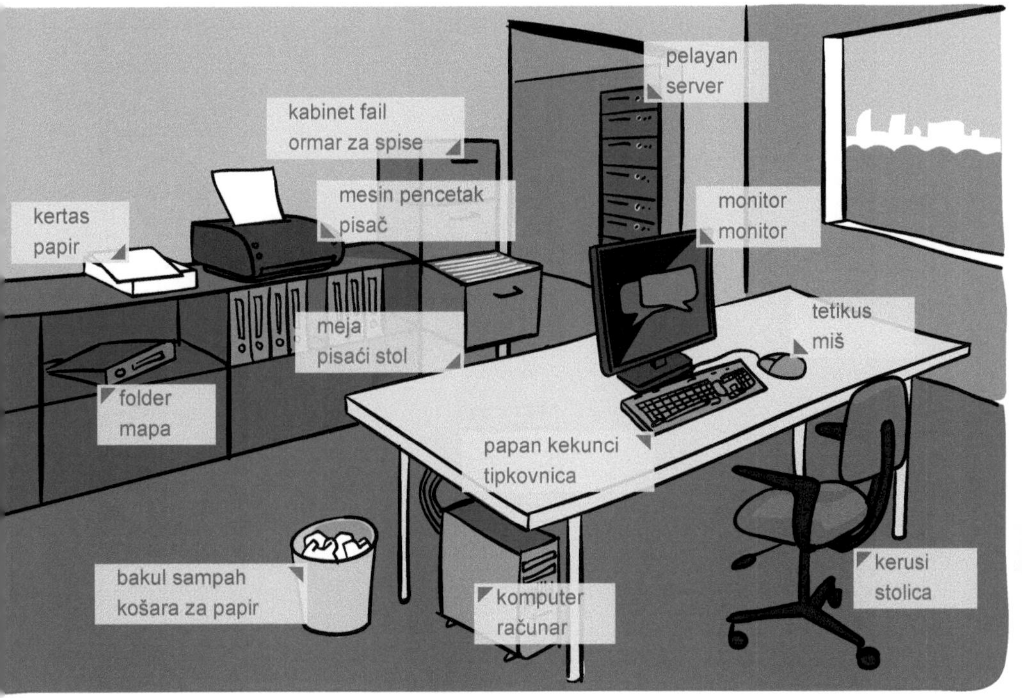
pelayan
server
kabinet fail
ormar za spise
kertas
papir
mesin pencetak
pisač
monitor
monitor
tetikus
miš
meja
pisaći stol
folder
mapa
papan kekunci
tipkovnica
bakul sampah
košara za papir
komputer
računar
kerusi
stolica

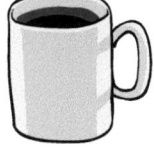

cawan kopi

šalica za kavu

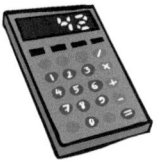

kalkulator

kalkulator

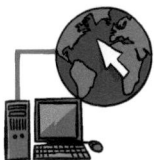

internet

internet

komputer riba

laptop

surat

pismo

mesej

poruka

mudah alih

mobilni telefon

rangkaian

mreža

mesin fotokopi

uređaj za kopiranje

perisian

softver

telefon

telefon

soket plag

utičnica

mesin faks

faks

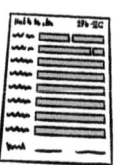

bentuk

obrazac

dokumen

dokument

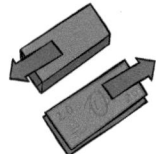

beli

kupovati

bayar

platiti

berdagang

trgovati

wang

novac

dolar

dolar

euro

euro

yen

jen

rubel

rubalj

franc swiss

švicarski franak

renminbi yuan

renmindbi yuan

rupee

rupija

mata tunai

automat za novac

pejabat tukaran mata wang
....
mjenjačnica

emas
....
zlato

perak
....
srebro

minyak
....
nafta

tenaga
....
energija

harga
....
cijena

kontrak
....
ugovor

cukai
....
porez

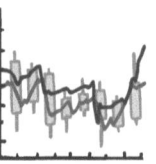

stok
....
dionica

kerja
....
raditi

pekerja
....
službenik

majikan
....
poslodavac

kilang
....
tvornica

kedai
....
prodavaonica

ekonomi - gospodarstvo

pekerjaan
zanimanja

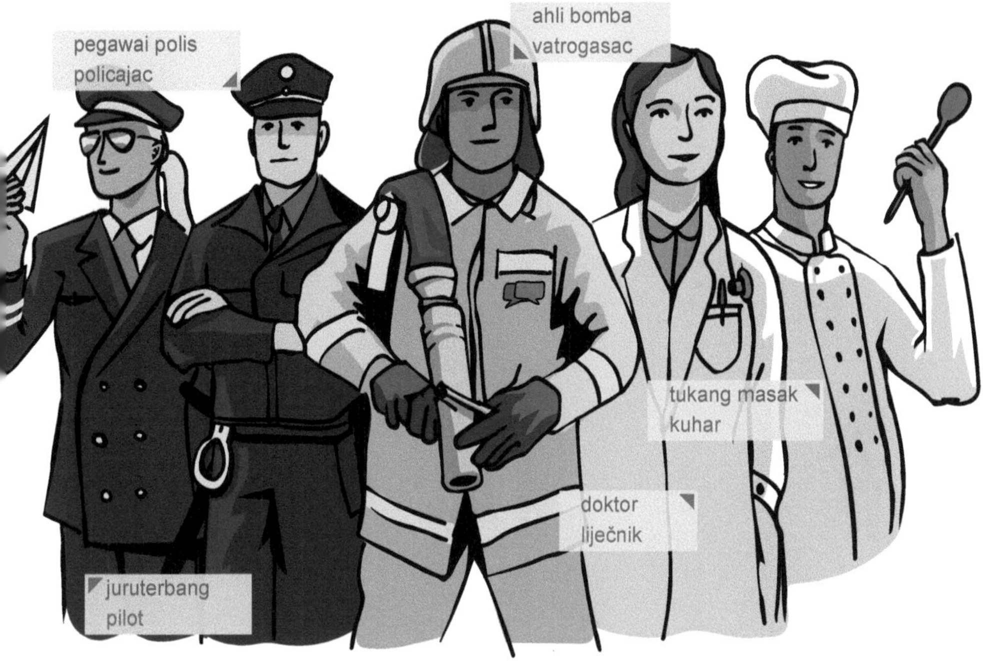

ahli bomba
vatrogasac
pegawai polis
policajac
tukang masak
kuhar
doktor
liječnik
juruterbang
pilot

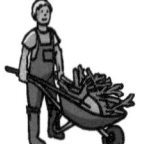

tukang kebun

vrtlar

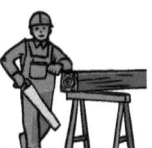

tukang kayu

stolar

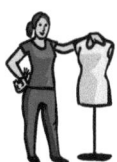

tukang jahit

krojačica

hakim

sudija

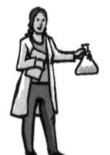

ahli kimia

kemičar

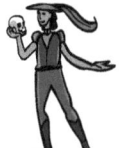

pelakon

glumac

pemandu bas

vozač autobusa

pemandu teksi

vozač taksija

nelayan

ribar

wanita pencuci

čistačica

kasau

krovopokrivač

pelayan

konobar

pemburu

lovac

pelukis

slikar

bakeri

pekar

juruelektrik

električar

pembangun

građevinski radnik

jurutera

inženjer

penjual daging

mesar

tukang paip

limar

posmen

poštar

askar
vojnik

arkitek
arhitekta

juruwang
blagajnik

kedai bunga
cvjećar

pendandan rambut
frizer

konduktor
kondukter

mekanik
mehaničar

kapten
kapetan

doktor gigi
zubar

ahli sains
znanstvenik

tuhanku
rabi

imam
imam

sami
monah

paderi
svećenik

alat

alati

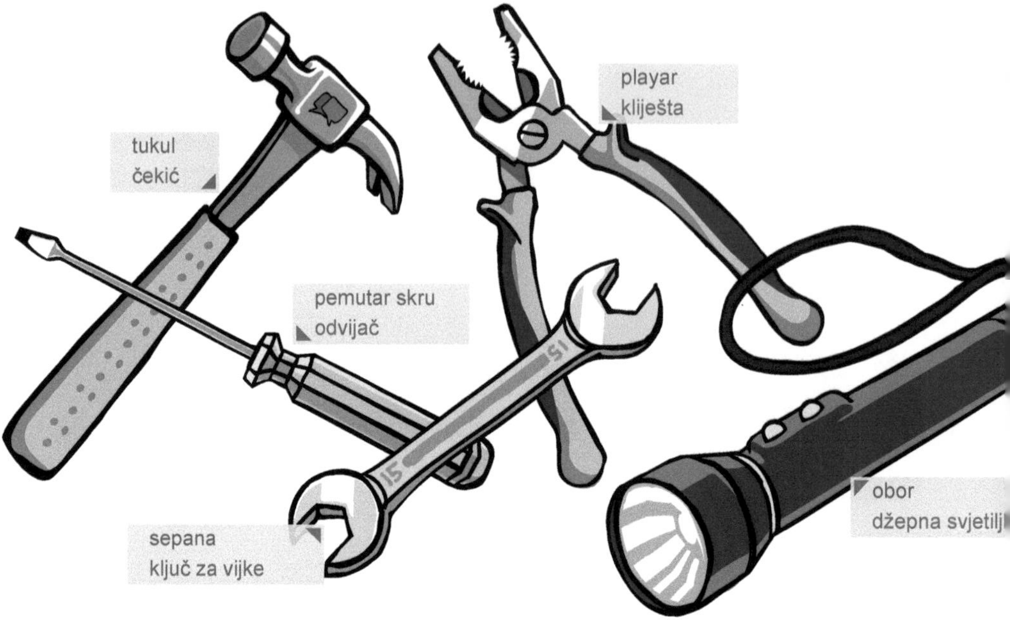

tukul
čekić
playar
kliješta
pemutar skru
odvijač
sepana
ključ za vijke
obor
džepna svjetilj

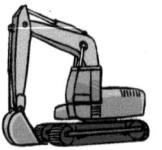

pengorek
rovokopač

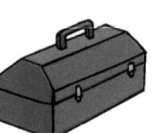

kotak peralatan
kutija za alat

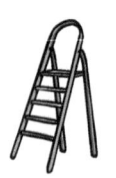

tangga
ljestve

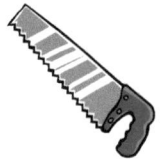

gergaji
pila

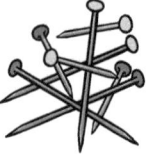

kuku
ekser

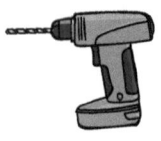

gerudi
bušilica

baiki

popraviti

penyodok

lopata

Celaka!

Sranje!

penadah sampah

lopatica

periuk cat

lonac za boju

skru

vijci

alat muzik
glazbeni instrument

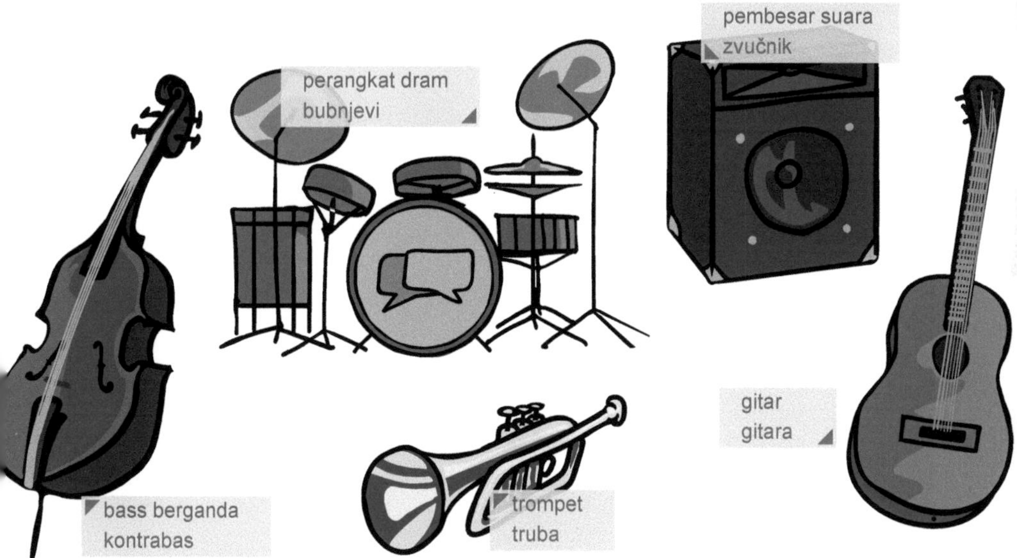

perangkat dram
bubnjevi

pembesar suara
zvučnik

gitar
gitara

bass berganda
kontrabas

trompet
truba

piano

klavir

biola

violina

bass

bas

timpani

timpani

dram

udaraljke za bubnjeve

papan kekunci

keyboard

saksofon

saksofon

seruling

flauta

mikrofon

mikrofon

alat muzik - glazbeni instrument

zoo

zoološki vrt

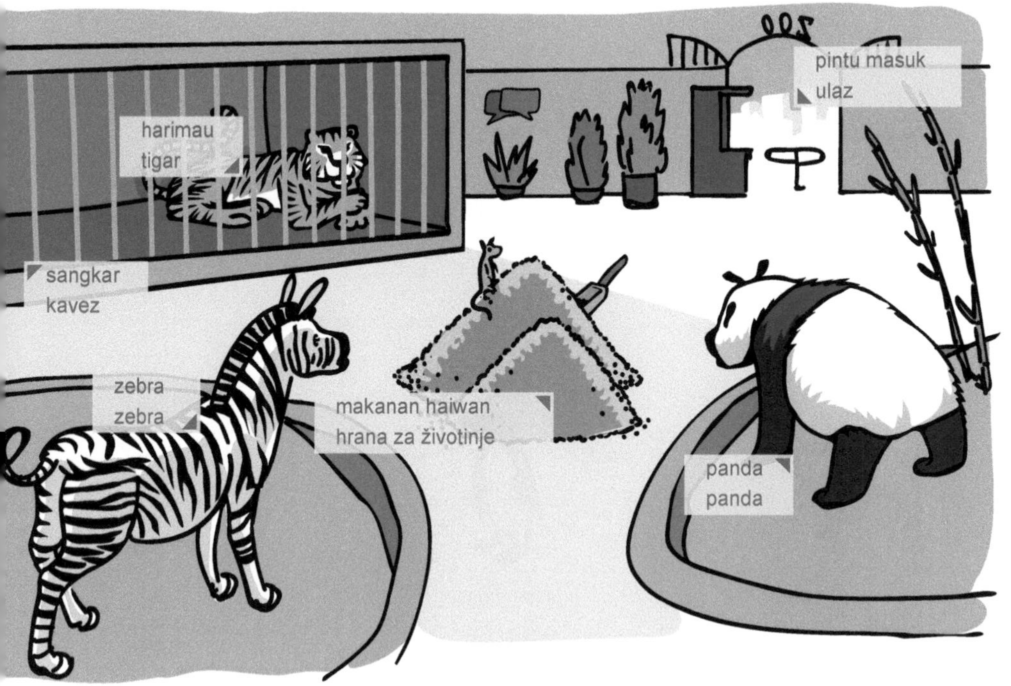

pintu masuk
ulaz
harimau
tigar
sangkar
kavez
zebra
zebra
makanan haiwan
hrana za životinje
panda
panda

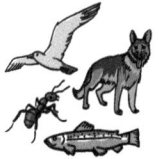

haiwan

životinje

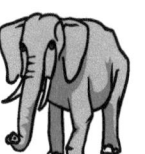

gajah

slon

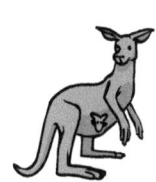

kanggaru

kengur

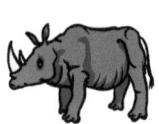

badak sumbu

nosorog

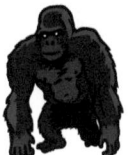

gorila

gorila

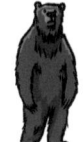

beruang

medvjed

unta
kamila

burung unta
noj

singa
lav

monyet
majmun

flamingo
flamingo

nuri
papagaj

beruang kutub
polarni medvjed

penguin
pingvin

yu
ajkula

merak
paun

ular
zmija

buaya
krokodil

penjaga zoo
čuvar u zoološkom vrtu

anjing laut
tuljan

jaguar
jaguar

kuda
....
poni

harimau
....
leopard

badak air
....
nilski konj

zirafah
....
žirafa

helang
....
orao

babi jantan
....
divlja svinja

ikan
....
riba

penyu
....
kornjača

anjing laut
....
morž

musang
....
lisica

rusa
....
gazela

bola sepak Amerika
američki nogomet

berbasikal
biciklizam

tenis
tenis

bola keranjang
košarka

renang
plivanje

tinju
boks

hoki ais
hockey na ledu

bola sepak
nogomet

badminton
badminton

olahraga
atletika

bola baling
rukomet

ski
skijanje

polo
polo

aktiviti
aktivnosti

ketawa
smijati se
lompat
skočiti
peluk
zagrliti
berjalan
ići
menyanyi
pjevati
mimpi
sanjati
berdoa
moliti se
cium
poljubiti

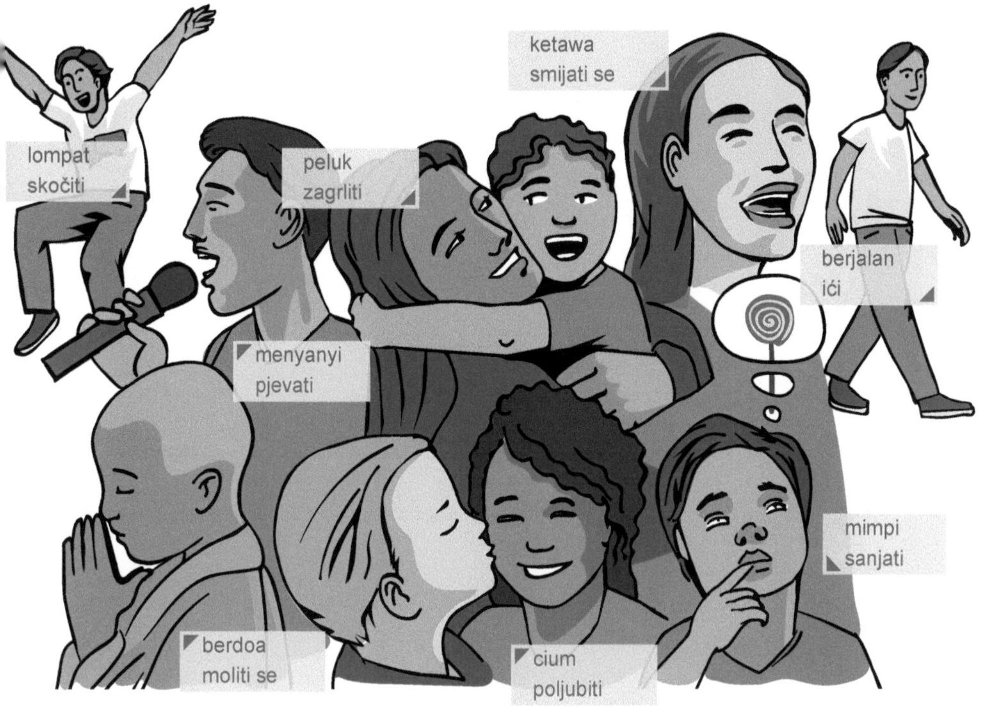

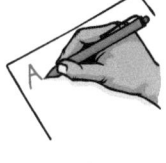

tulis

pisati

lukis

crtati

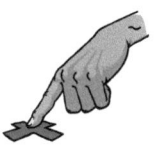

tunjuk

pokazati

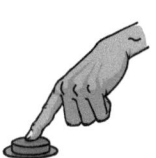

tolak

gurati

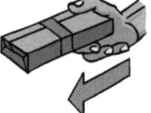

beri

dati

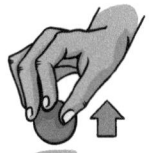

ambil

uzeti

ada
....
imati

buat
....
činiti

ialah
....
biti

berdiri
....
stojati

lari
....
trčati

tarik
....
povlačiti

buang
....
baciti

jatuh
....
padati

tipu
....
ležati

tunggu
....
čekati

bawa
....
nositi

duduk
....
sjediti

pakai
....
oblačiti

tidur
....
spavati

bangkit
....
probuditi se

lihat pada

gledati

menangis

plakati

strok

milovati

sikat

češljati

cakap

govoriti

faham

razumjeti

tanya

pitati

dengar

slušati

minum

piti

makan

jesti

mengemas

pospremiti

sayang

voljeti

masak

kuhati

pandu

voziti

terbang

letjeti

aktiviti - aktivnosti

belayar
ploviti

kira
računati

baca
čitati

belajar
učiti

kerja
raditi

nikah
vjenčati se

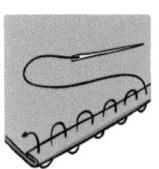

jahit
šiti

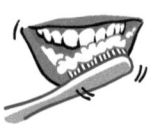

memberus gigi
prati zube

bunuh
ubiti

asap
pušiti

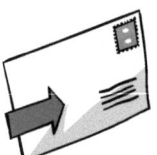

hantar
poslati

nenek
baka

datuk
djed

bapa
otac

ibu
majka

bayi
beba

anak perempuan
kćerka

anak lelaki
sin

tetamu

gost

mak cik

tetka

pak cik

ujak, stric

abang

brat

kakak

sestra

badan

tijelo

dahi
čelo
mata
oko
muka
lice
dagu
brada
dada
grudi
jari
prst
tangan
ruka
lengan
ruka
bahu
rame
kaki
noga

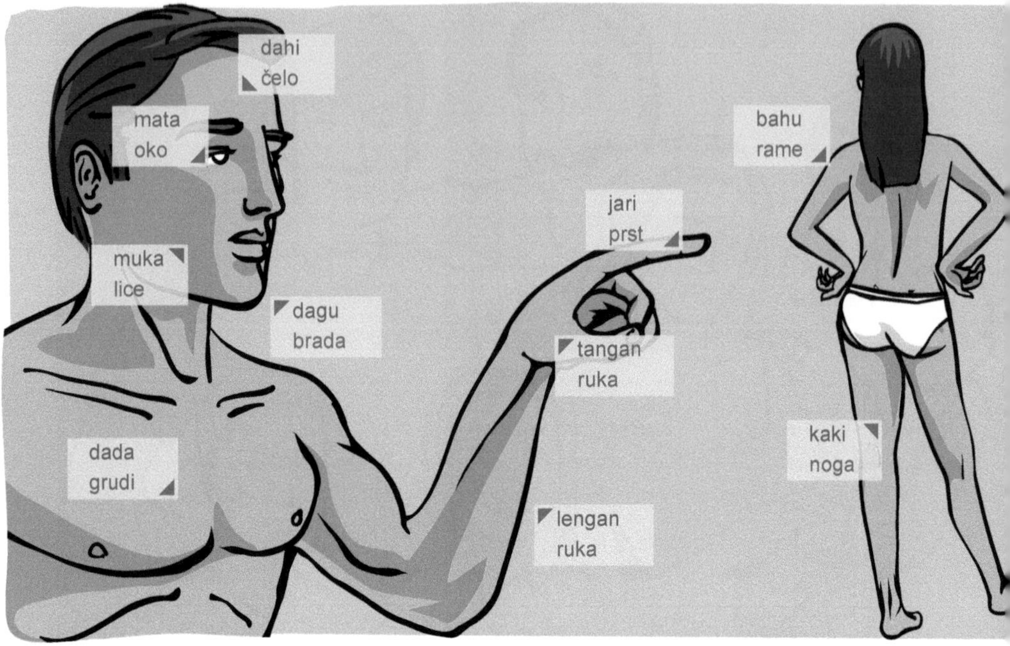

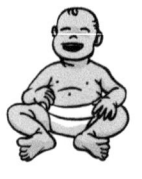

bayi

beba

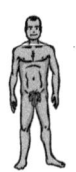

lelaki

muškarac

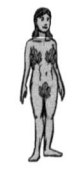

wanita

žena

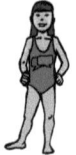

perempuan

djevojčica

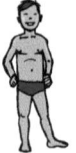

lelaki

dječak

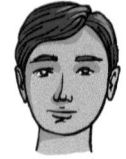

kepala

glava

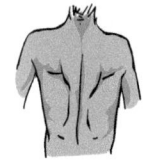

belakang
leđa

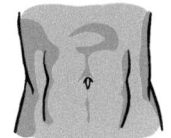

bawah perut
trbuh

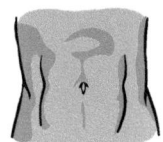

pusat
pupak

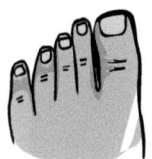

jari kaki
nožni prst

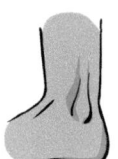

tumit
peta

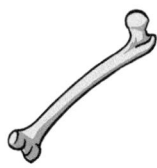

tulang
kost

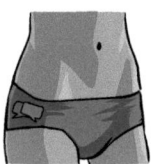

pinggul
kuk

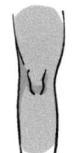

lutut
koljeno

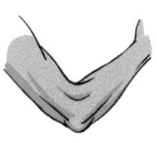

siku
lakat

hidung
nos

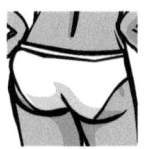

bawah
stražnjica

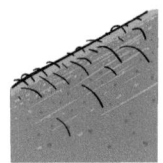

kulit
koža

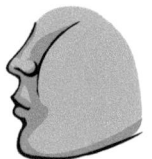

pipi
obraz

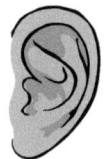

telinga
uho

bibir
usna

mulut
usta

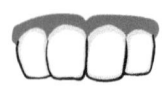

gigi
zub

lidah
jezik

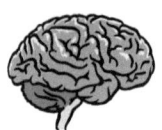

otak
mozak

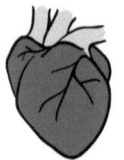

hati
srce

otot
mišić

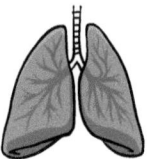

paru-paru
pluća

hati
jetra

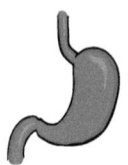

perut
želudac

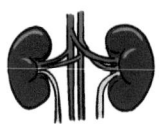

buah pinggang
bubrezi

seks
snošaj

kondom
kondom

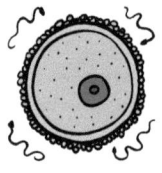

faraj
jajna stanica

mani
sperma

mengandung
trudnoća

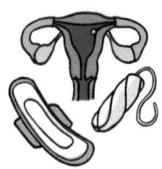

haid

menstruacija

faraj

vagina

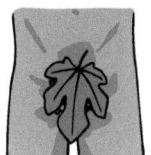

penis

penis

kening

obrva

rambut

kosa

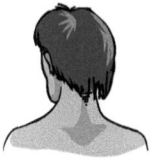

leher

vrat

hospital

bolnica

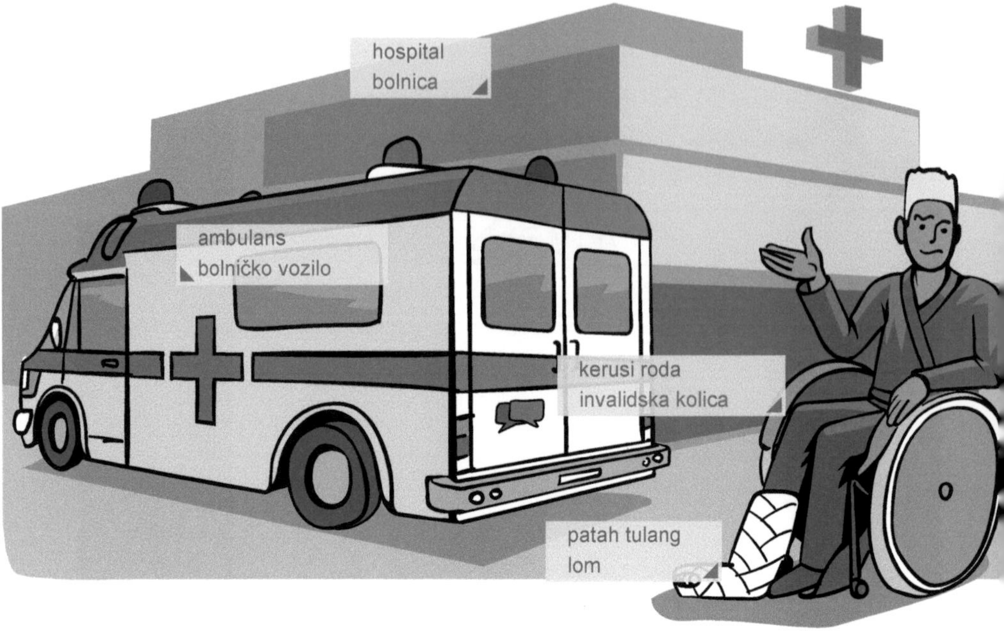

hospital
bolnica
ambulans
bolničko vozilo
kerusi roda
invalidska kolica
patah tulang
lom

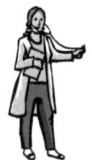

doktor

liječnik

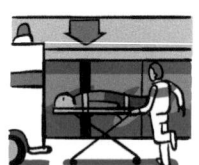

bilik kecemasan

hitna medicinska služba

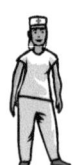

jururawat

medicinska sestra

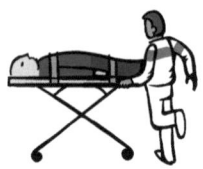

kecemasan

hitni slučaj

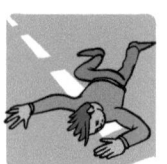

tak sedar

nesvijest

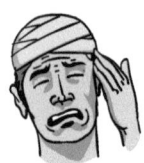

sakit

bol

kecederaan

ozljeda

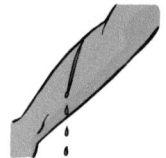

pendarahan

krvarenje

serangan jantung

srćani infarkt

strok

moždani udar

alergi

alergija

batuk

kašalj

demam

groznica

selesema

gripa

cirit-birit

proljev

sakit kepala

glavobolja

kanser

rak

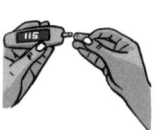

diabetes

dijabetes

pakar bedah

kirurg

pisau bedah

skalpel

pembedahan

operacija

hospital - bolnica 73

CT
ct

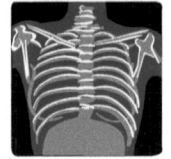

x-ray
rentgen

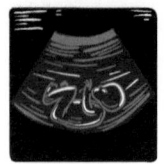

ultrabunyi
ultrazvuk

topeng muka
maska

penyakit
bolest

bilik menunggu
čekaonica

penongkat
štaka

plaster
flaster

pembalut
zavoj

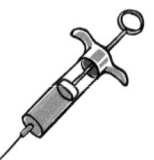

suntikan
injekcija

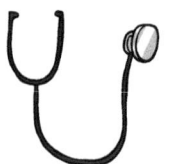

stetoskop
stetoskop

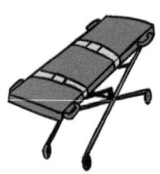

pengusung
nosilo

termometer klinik
termometar

kelahiran
rođenje

berat badan berlebihan
prekomjerna težina

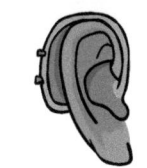

alat pendengaran

slušni aparat

disinfektan

sredstvo za dezinfekciju

jangkitan

infekcija

virus

virus

HIV / AIDS

hiv / sida

perubatan

medicina

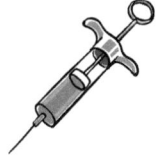

vaksinasi

vakcinacija

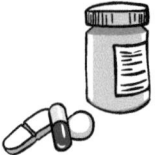

tablet

tablete

pil

pilula

panggilan kecemasan

poziv u pomoć

pantau tekanan darah

uređaj za mjerenje tlaka

sakit / sihat

bolesno / zdravo

Tolong!

pomoć!

penggera

alarm

serang

nasrtaj

serangan

napad

bahaya

opasnost

pintu kecemasan

izlaz za nuždu

Api!

požar!

alat pemadam api

vatrogasni aparat

kemalangan

nezgoda

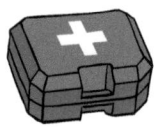

alat pertolongan cemas

kofer prve pomoći

SOS

sos

polis

policija

Eropah

Europa

Amerika Utara

sjeverna amerika

Amerika Selatan

južna amerika

Afrika

Afrika

Asia

Azija

Australia

Australija

Atlantic

Atlantik

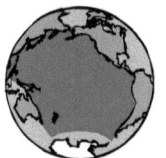

Pasifik

Pacifik

Lautan Hindi

ocean

Lautan Antartik

antarktički ocean

Lautan Artik

arktički ocean

Kutub utara

sjeverni pol

Kutub Selatan
....
južni pol

Antartika
....
Antarktik

bumi
....
zemlja

tanah
....
zemlja

laut
....
more

pulau
....
otok

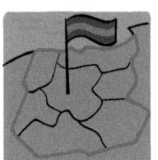

negara
....
nacija

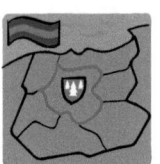

negeri
....
država

muka jam

brojčanik sata

tangan jam

satna kazaljka

tangan minit

minutna kazaljka

terpakai

sekundna kazaljka

Jam berapa sekarang

Koliko je sati?

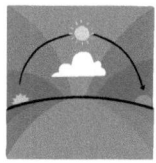

hari

dan

masa

vrijeme

sekarang

sada

jam digital

digitalni sat

minit

minuta

jam

sat

minggu
tjedan

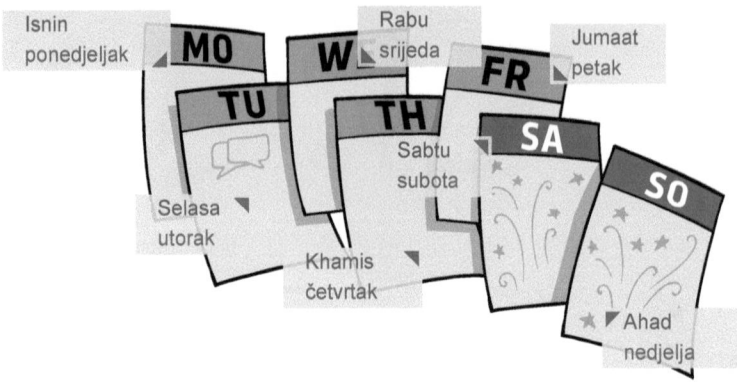

Isnin / ponedjeljak — MO
Rabu / srijeda — W
Jumaat / petak — FR
Selasa / utorak — TU
Khamis / četvrtak — TH
Sabtu / subota — SA
Ahad / nedjelja — SO

semalam
jučer

hari ini
danas

esok
sutra

pagi
jutro

tengah hari
podne

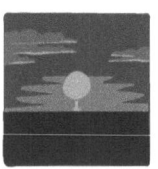

petang
večer

hari kerja
radni dani

hari minggu
vikend

tahun
godina

hujan
kiša
pelangi
duga
angin
vjetar
salji
snijeg
musim bunga
proljeće
musim luruh
jesen
musim panas
ljeto
musim salji
zima

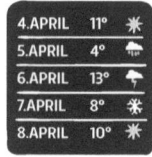

4.APRIL 11°
5.APRIL 4°
6.APRIL 13°
7.APRIL 8°
8.APRIL 10°

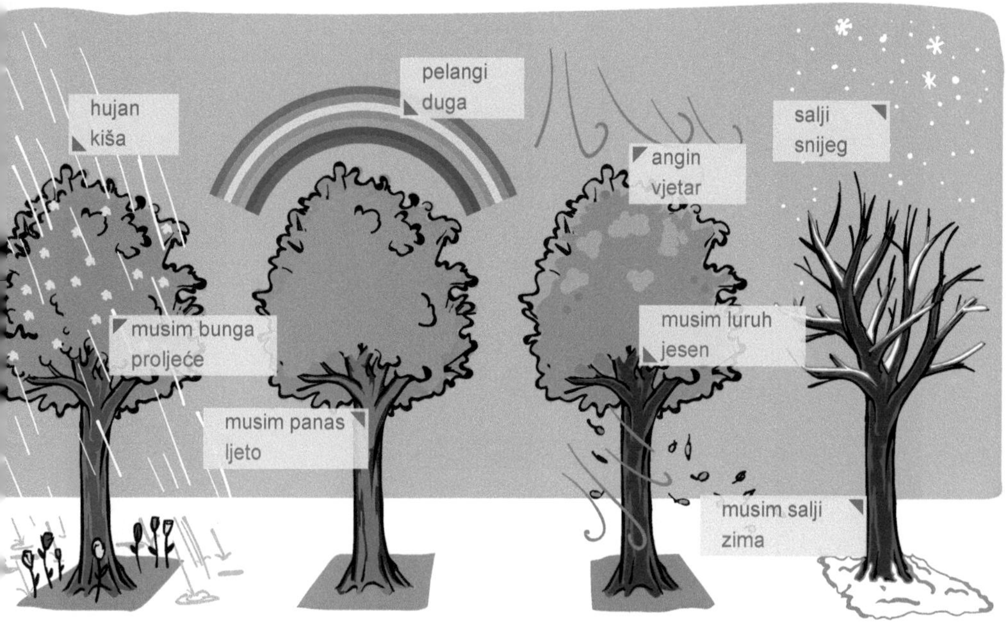

ramalan cuaca
meteorološka prognoza

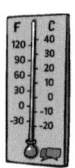

termometer
termometar

sinar matahari
sunčana svjetlost

awan
oblak

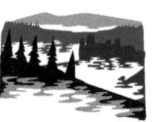

kabus
magla

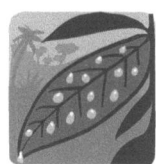

lembapan
vlažnost zraka

kilat
....
munja

petir
....
grmljavina

ribut
....
oluja

hujan batu
....
tuča

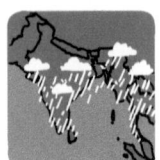

monsun
....
monsun

banjir
....
poplava

ais
....
led

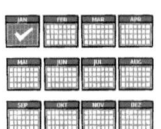

Januari
....
siječanj

Februari
....
veljača

Mac
....
ožujak

April
....
travanj

Mei
....
svibanj

Jun
....
lipanj

Julai
....
srpanj

Ogos
....
kolovoz

tahun - godina

September
rujan

Oktober
listopad

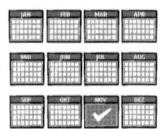

November
studeni

Disember
prosinac

bentuk
oblici

bulatan
krug

petak
kvadrat

segi empat tepat
pravokutnik

segitiga
trokut

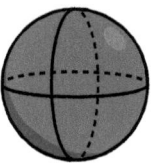

sfera
kugla

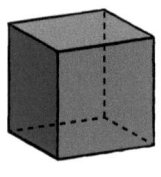

kiub
kocka

putih
....
bijela

kuning
....
žuta

oren
....
narančasta

merah jambu
....
ružičasta

merah
....
crvena

ungu
....
ljubičasta

biru
....
plava

hijau
....
zelena

coklat
....
smeđa

kelabu
....
siva

hitam
....
crna

banyak / sedikit

mnogo / malo

marah / tenang

ljutito / mirno

cantik / hodoh

lijepo / ružno

bermula / tamat

početak / kraj

besar kecil

veliko / maleno

terang / gelap

svijetlo / tamno

abang / kakak

brat / sestra

bersih / kotor

čisto / prljavo

lengkap / tidak lengkap

potpuno / nepotpuno

hari / malam

dan / noć

mati / hidup

mrtvo / živo

luas / sempit

široko / usko

boleh dimakan / tidak boleh dimakan
....
jestivo / nejestivo

jahat / baik
....
zlo / dobro

teruja / bosan
....
uzbuđeno / dosadno

gemuk / kurus
....
debelo / mršavo

pertama / terakhir
....
na početku / na kraju

kawan / musuh
....
prijatelj / neprijatelj

penuh / kosong
....
puno / prazno

keras / lembut
....
tvrdo / mekano

berat / ringan
....
teško / lagano

lapar / dahaga
....
glad / žeđ

sakit / sihat
....
bolesno / zdravo

menyalahi undang-undang / undang-undang
....
ilegalno / legalno

pintar / bodoh
....
pametno / glupo

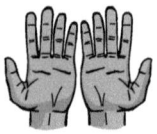

kiri / kanan
....
lijevo / desno

dekat / jauh
....
blizu / daleko

baru / lama

tiada / sesuatu

tua / muda

novo / rabljeno

ništa / nešto

staro / mlado

hidup / mati

terbuka / tertutup

diam / bising

uključeno / isključeno

otvoreno / zatvoreno

tiho / glasno

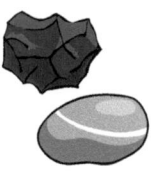

kaya / miskin

betul / salah

kasar / halus

bogato / siromašno

točno / pogrešno

hrapavo / glatko

sedih / gembira

pendek / panjang

lambat / laju

tužno / sretno

kratko / dugo

polako / brzo

basah / kering

panas / sejuk

berperang / berdamai

mokro / suho

toplo / hladno

rat / mir

nombor
brojevi

0

sifar
nula

1

satu
jedan

2

dua
dva

3

tiga
tri

4

empat
četiri

5

lima
pet

6

enam
šest

7

tujuh
sedam

8

lapan
osam

9

sembilan
devet

10

sepuluh
deset

11

sebelas
jedanaest

12
dua belas
dvanaest

13
tiga belas
trinaest

14
empat belas
četrnaest

15
lima belas
petnaest

16
enam belas
šestnaest

17
tujuh belas
sedamnaest

18
lapan belas
osamnaest

19
Sembilan belas
devetnaest

20
dua puluh
dvadeset

100
ratus
stotinu

1.000
ribu
tisuću

1.000.000
juta
milijun

Bahasa Inggeris

engleski

Bahasa Inggeris Amerika

američko engleski

Bahasa Cina Mandarin

kinesko mandarinski

Bahasa Hindi

hindi

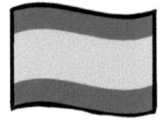

Bahasa Sepanyol

španjolski

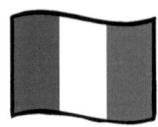

Bahasa Perancis

francuski

Bahasa Arab

arapski

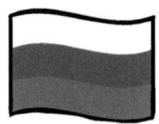

Bahasa Rusia

ruski

Bahasa Portugis

portugalski

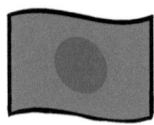

Bahasa Benggali

bengalski

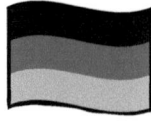

Bahasa Jerman

njemački

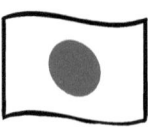

Bahasa Jepun

japanski

saya

ja

anda

ti

dia / dia / ia

on / ona / ono

kita

mi

anda

vi

mereka

oni

siapa?

tko?

apa?

što?

bagaimana?

kako?

di mana?

gdje?

bila?

kada?

nama

ime

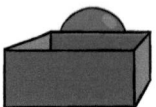

belakang

iza

dalam

u

di hadapan

ispred

lebih

preko

pada

na

di bawah

ispod

bersebelahan

pored

antara

između

tempat

mjesto